Faculté de Droit d'Aix.

THÈSE

POUR

LA LICENCE,

SOUTENUE

PAR

Joseph-Augustin-Frédéric **BARTHÉLEMY**,

Né à MARSEILLE (Bouches-du-Rhône).

MARSEILLE.

TYP. ET LITH. BARLATIER-FEISSAT ET DEMONCHY,

PLACE ROYALE, 7 A.

—

1855.

Faculté de Droit d'Aix.

THÈSE

POUR

LA LICENCE,

SOUTENUE

PAR

Joseph-Augustin-Frédéric **BARTHÉLEMY**,

Né à MARSEILLE (Bouches-du-Rhône).

MARSEILLE.

TYP. ET LITH. BARLATIER-FEISSAT ET DEMONCHY,

PLACE ROYALE, 7 A.

1855.

PATRI ET MATRI OPTIMIS.

JUS ROMANUM.

AD EXHIBENDUM.

(DIG. LIB. X. TIT. IV.)

§ I. — Qualis est actio ad exhibendum.

Actio ad exhibendum est actio quæ datur ut quis certam rem mobilem exhibere teneatur.

Jure honorario introducta hæc actio in usu quotidiano est : et maxime in vindicationibus, nam veluti alterius principalis actionis præparatoria actori competit.

Actio ad exhibendum est personalis; at quum datur ei qui in rem acturus est, veluti de Serviana, aut de hypothecaria, atque etiam quum in rem actiones multis modis imitatur, in rem scripta esse dicitur.

Qui ad exhibendum agit, non res tanquam proprias petit, sed tantummodo ut reus exhibeat, id est, ut palam faciat, quod sub judice est, deinde petiturus in judicio principali; ideo se dominum esse onus probandi non incumbit hac actione agenti ; satis est ille argumenta rei de qua agitur proferat, ut judex quid sit exhibendum intelligat.

Hæc actio solummodo in rebus mobilibus dari potest.

§ II. — Quibus competit.

Quicumque actionem ad exhibendum apud magistratum declarabit, duas res probare debebit, primum sua interesse rem a reo exhiberi, et re exhibita semet uti debere, aut propter actionem pro tribunali pendentem, aut propter aliam quæ de exhibitione nasci poterit. Una deficiente conditione, actionem ad exhibendum actor numquam obtineat.

Interest vero, aut pecuniariter, quum ex ipsa actione quid pecuniæ actor obtinere potest, aut quum actio est alterius actionis secuturæ preparatoria : veluti quum actor læsus alium noxali actione persecuturus propter servorum culpam, illos exhibere cogit.

Sed si, ut quis actionem ad exhibendum obtineat, ejus interesse necesse sit, tamen non sufficit : oportet enim per modum etiam et per tempus utile intersit. Per modum fit, ubi qui illa actione utitur, se justam ac bonam causam habere probat. Nam contra æquitatem et elegantiam juris esset si fur aut latro adversus alium ad exhibendum agere posset de rebus quas aut furto aut rapina ipse subduxisset. Diximus etiam oportere per tempus utile interesse ad illam actionem apud magistratum exercendam. Duo sunt utilia tempora : Primum, quum actio ab actore petitur ; secundum, in eo tempore quo sententia lata est. Antea, neque vero postea interesse, utile esse poterit : nam nulla actio, cui nullum est jus, competit ; nec magis illi, cui exceptio rei judicatæ opponi potest ab aliquo, contra hunc agendi facultas est.

Quid vero evenerit, si rei possessor primam speciem ac formam mutaverit ? Diversarum scholarum auctores varias opiniones habuerunt : nam Proculeiani, forma mutata, rem aliam esse, Sabiniani contra materiam semper esse, et tantummodo aliam formam habere dixerunt. Unde sub judice ea tempestate erat cui competeret actio ad exhibenbendum. Sed postea alia sententia prævaluit, Justiniano imperatore comprobata, qua acceptum est : si res ad primam formam reverti potest, tum dominus tam vindicationem, quam actionem ad exhibendum habebit ; si contra, ad rudem ac primam speciem res mutata redire nequit, actio ad exhibendum ei qui novam speciem fecit pertinebit, dummodo suo nomine et bona fide illud egerit. Nam si contra iis conditionibus non fecerit, domino rei semper actio ad exhibendum, ut Paulus ait, competit.

Aliquando vero evenit, ut cui non est actio ad exhibendum, a prætorio magistratu id actionis genus obtineat : tunc est actio in factum , id est utilis.

Aliquoties etiam utilitatis causa actio ad exhibendum non dabatur : utputa cum aliquis lapides alienos vel alienum lignum in suum usum convertisset, et ex illis domum ædificasset, non adversus eum actio ad exhibendum dabatur : sed lex duodecim tabularum actionem de tigno juncto , quæ in duplum , domino rei dabat.

§ III. — Contra quos datur.

Hæc actio adversus omnem possessorem datur, sive ex civili seu ex naturali causa possideat. Sufficit reus detineat et rem in possessione sua habeat. Imo ad exhibendum agendum est contra eum qui dolo malo fecit ut, quod possessoris nomine detinebat, non exhiberet ; vel si primam speciem rei mutaverit, vel si re integra ab illo alienata fuerit, vel etiam si eam diruerit.

Ab Ulpiano dicitur, si quis rem non detinet tempore litis contestationis, et postea , priusquam sententia sit , possideat, condemnari debere ; et contra eum qui tempore judicii possidet, et postea sine dolo malo rem habere desinit, absolvi oportere.

Hæres proprio nomine, non tanquam hæres ad exhibendum agere potest, et ex illâ actione tenetur. Et si dolo malo res hæreditariæ auctæ sunt ex parte defuncti, etiam in hæredem danda est actio. Incivile enim esset iniquitatem alienam alicui prodesse.

Filius familias ex hac actione tenetur, si ita se habet ut rem exhibeat aut si propria culpa fecit quo minus habeat.

Etiam ad exhibendum contra municipes et alias universitates agi potest. In principio diu controversiæ materia fuit , an id fieri posset , sed Ulpianus illud licere non dubitavit, quum ei personarum generi possidere et usucapere licet.

§ IV. — De officio Judicis.

Nunc denique de officio judicis disserendum est.

Primum ubi actor pro tribunali venit, tum an rem exhiberi sua intersit, et an possit, re exhibita, adversus possessorem actionem intendere videndum est. Supra enim diximus, ubi nihil interest, nullam esse ad exhibendum actionem.

Posteaquam autem certe interesse actoris apparebit, duæ sententiæ evenire poterunt : prima interlocutoria, altera definitiva.

Quum rei possessor primæ sententiæ obtemperaverit, tum definitivo judicio contestatio soluta erit. Antequam magistratus rem exhiberi jubeat, aliquas exceptiones, veluti jusjurandum, rem judicatam, aut dolum malum opponere licebit. Alia vero quævis exceptio ad judicem proferatur necesse est.

Sin contra reus rem non exhibuerit, etiam ultimo judicio, quatenus actoris interest, condemnabitur.

Non tamen qui rem tantum exhibuit, quantum oportuit, exhibuit; necesse enim cum omni sua causa exhibeat, id est agenti experiendi sit copia num integra exhibitio facta sit.

Is est ordo causarum propter quas quis rem de qua est contestatio detinet, exhibere debet : res talis qualis erat in tempore quo primum actum est, ac etiam quod amissum est ex illo tempore, et fructus quoque qui accesserunt. Postea si possessor in alium locum eam detulerit, proprio periculo, ubi erat eo ipse reportare debet.

Sed si quis rem integram non exhiberet, semper agenti ad exhibendum actio permitteretur. Ita ut, si res inter moras, antequam sententia a judice fuisset, ab alio usucapione acquisita fuisset; propter id actio ad exhibendum non minus domino rei pertineret.

Attamen quando accidit, ut qui rem detinet eam exhibere nequeat ob justam causam, utputa si servus de quo actum est, in longinquis arvis est; tunc magistratus si dolum nullum esse viderit, exhibitionem non statim jubebit, at certo statuto die, reo postea exhibere permittet, dum satisdatione data secundum legem cautum sit.

Sed si adversis ac variis causis possessor condemnandus est in id quod actoris intereret, officio judicis aut adversarii petitione et sine taxatione condemnationis pecunia statuetur. Judex statuet non in infinitum sed pro rei veritate, si tantum est culpa possessoris. Si contra possessor aliquem dolum commiserit, aut contumax in judicio non venerit, tum jurejurando a judice domino rei delato, condemnatio fit ex affectione etiam in infinitum.

CODE NAPOLÉON.

DES PARTAGES FAITS PAR PÈRE, MÈRE OU AUTRES ASCENDANTS ENTRE LEURS DESCENDANTS.

(ART. 1075 à 1080).

Au décès d'un ascendant, combien de difficultés ne surgissent pas lorsqu'il faut partager une succession ! L'incapacité de quelques héritiers, le mauvais vouloir des uns , l'avidité des autres , sont autant de sources de discussions et de procès scandaleux ; les liens du sang, qui devraient rapprocher les parties et faire cesser la désunion , semblent au contraire n'exister que pour donner de nouvelles forces aux passions.

Le législateur, en présence d'un pareil état de choses, s'est efforcé de faire disparaître d'aussi graves inconvénients et il a donné à l'ascendant la faculté de partager sa succession. En effet, mieux que personne l'ascendant connaît ses héritiers et les biens qu'il possède; mieux que la justice il pourra faire entre eux un partage juste, égal, proportionné aux besoins de chacun, correspondant aux intérêts de tous. Mais si le principe sur lequel l'institution repose est fort juste, on ne voit pas sans peine le Code Napoléon effleurer légèrement la matière; faute d'autant plus regrettable

2

que le partage des ascendants avait été déjà réglementé par le Droit Romain et par nos anciennes coutumes, et que le nouveau législateur a suivi une voie presque entièrement nouvelle. Tel est, probablement, le motif de la défaveur avec laquelle la pratique a adopté le partage des ascendants.

Essayons maintenant d'exposer les différentes règles qui sont imposées à notre matière.

§. Ier — A qui est-il permis de faire le partage d'ascendants? — En faveur de quelles personnes peut-il être fait?

Aux termes de l'article 1075 du Code Napoléon , c'est aux père, mère et autres ascendants seuls qu'appartient le droit de faire le partage de leurs biens, et l'on ne saurait étendre à d'autres personnes ce privilège, car le texte de la loi est conçu d'une manière limitative. Nous observerons toutefois que ces personnes ne jouissent de cette prérogative qu'autant qu'elles ont conservé l'exercice et la jouissance de leurs droits.

Si les ascendants seuls peuvent partager leur succession , les descendants sont aussi seuls admis à prendre part au partage ; ce qui ne signifie pas que toute autre personne ne peut elle-même distribuer ses biens ou participer à une attribution de parts, mais ce que l'on doit interpréter ainsi : le partage d'ascendants est seul sujet aux règles que nous allons exposer, et les étrangers qui font le partage de leurs biens restent soumis aux lois relatives aux dispositions testamentaires.

Tous les enfants sont admis au partage fait par les ascendants, toutefois, par exception à la règle, les enfants adultérins ou incestueux ne peuvent rien recevoir dans la distribution de leurs biens faite par leurs ascendants , et les enfants naturels, en concours avec des enfants légitimes ne pourraient recevoir une part plus forte que celle qui leur est accordée par la loi. Bien plus, ils pourraient même être omis dans le partage si leur père leur donnait de son vivant la moitié de la part qui leur serait dévolue à sa mort (C. 761).

§. II. — Formes du partage d'ascendants.

Le partage d'ascendants n'est pas précisément un legs ou une donation, cependant il a des rapports de ressemblance avec ces deux manières de disposer. En effet, le législateur, en permettant de le faire pour le temps où son auteur ne sera plus, y a attaché tous les avantages d'un testament, tandis que d'autre part en autorisant à lui donner la forme des donations, il a bien voulu que le partage produisît un dépouillement gratuit et actuel.

Examinons d'abord la première espèce de partages, celui qui a lieu par donation. Aux termes de l'article 1076 du Code Napoléon on devra dans cet acte suivre toutes *les formalités , conditions et règles prescrites pour les donations entre-vifs.* Par conséquent, le partage :

1º Sera fait par acte entre-vifs, passé devant notaire, et il en sera gardé minute (C. 931);

2º Sera accepté par acte authentique et en termes exprès ; et en outre mention de l'acceptation faite par les parties sera portée sur l'acte même (C. 932);

3º Sera transcrit s'il renferme des immeubles susceptibles d'hypothèques pour être opposable aux tiers (C. 2118);

4º Devra avoir pour annexe un état estimatif et descriptif des meubles (C. 948).

Si, au contraire, le partage d'ascendants a été fait par testament, comme cet acte de dernière volonté, il sera soumis aux conditions suivantes pour la forme. Il sera :

1º Contenu dans un testament olographe ;

2º Ou dans un testament public ;

3º Ou dans un testament mystique ;

Et partant soumis à toutes les règles prescrites pour les diverses catégories de testaments.

Outre les différences nombreuses qui existent entre ces deux actes, il faut encore remarquer que si deux personnes ne peuvent pas faire, par le même testament, le partage de leurs biens , la même prohibition n'existe pas dans le cas où le partage d'ascendants a lieu par acte entre-vifs. La défense expressément formulée dans l'article 969 de notre Code n'existe pas en matière de donations, et l'on voit souvent deux époux, mariés sous le régime de la communauté, employer cette manière de distribuer leurs biens, afin d'éviter en même temps et les difficultés d'un partage et les contestations qui pourraient surgir à la dissolution de la communauté.

§. III. — Des biens susceptibles d'être partagés.

Nous venons de voir les deux formes que la loi a établies pour le partage des biens à faire par les ascendants. C'est sur elles que reposent tous les principes que nous allons exposer :

Quels biens sont susceptibles d'entrer dans le partage des ascendants? Pour répondre à la question il suffit d'examiner la forme à laquelle le partage a été soumis.

Les ascendants ont-ils employé la forme des donations, ils n'ont pu faire entrer dans l'attribution des parts que les biens qui leur appartenaient lors de la confection de l'acte, en un mot les *biens présents* : si le donateur avait transmis des biens futurs à ses descendants l'acte serait valable pour les biens présents seuls (C. 943). On peut partager tout ou partie de ses biens. Les objets corporels et incorporels sont également susceptibles de figurer dans la distribution des biens. Mais il faut ici remarquer que, pour les créances, la translation de propriété ne sera faite qu'autant que les formalités relatives aux cessions de créances auront été remplies.

Quant au partage fait par testament, l'ascendant testateur peut y faire entrer soit ses biens présents, soit ses biens à venir.

Mais l'ascendant peut-il, indifféremment et comme bon lui semble, donner à tel de ses héritiers des meubles et des immeubles, sans accorder à chacun d'eux des parts égales de meubles ou d'immeubles? L'acceptation des descendants, dans le cas de partage entre-vifs, couvrant tout, nous croyons devoir répondre négativement à cette question, fesant toutefois nos réserves pour le cas où il y aurait lésion. S'il s'agit au contraire d'un testament, il est plus difficile de répondre quoique la doctrine se soit généralement prononcée pour l'application du principe de l'article 832.

§. IV. — Effets du partage.

En premier lieu , étudions les effets du partage entre-vifs.

Le partage entre-vifs est un acte définitif, transférant *hic et nunc* la propriété des biens donnés, mais toutefois sans préjudice des causes de résolution qui peuvent naître dans la suite.

Le partage par donation est irrévocable comme les donations elles-mêmes, et, par conséquent, doit être soumis aux diverses conséquences du principe *donner et retenir ne vaut*. Ainsi non-seulement , comme nous l'avons déjà dit , il ne peut comprendre que les biens présents, mais il ne peut être fait sous des conditions potestatives de la part du disposant, ni sous la charge d'acquitter d'autres dettes que celles que le donateur a contractées lors du partage, ni enfin sous la réserve faite par l'ascendant de disposer plus tard des choses comprises dans la donation.

Nous venons de parler des dettes , toutefois il ne faut pas croire que toutes les dettes actuelles soient susceptibles d'être mises à la charge des descendants, si aucune stipulation n'a été faite. Dans ce cas on pense généralement que les descendants en sont tenus si le partage a eu lieu par voie d'attribution de quotité, en vertu du principe *bona non intelliguntur nisi deducto œre alieno ;* tandis qu'au contraire si la distribution des biens a été faite par attributions de biens séparés, comme dans ce cas les héritiers sont de simples donataires d'objets séparés ils ne seront pas tenus des dettes , et les créanciers n'auront plus alors , pour se faire payer , qu'à poursuivre leur débiteur par l'action Paulienne rescisoire (C. 1167).

Le partage entre-vifs a encore le privilége de pouvoir être une juste cause de possession et partant faire acquérir par prescription.

Lorsque le partage a été fait d'après la forme testamentaire il produit des effets complétement différents de ceux que nous venons d'énumérer.

On sait que le testament n'a d'effet que du jour de la mort du testateur et partant il est révocable jusqu'à cette époque ainsi que le partage qu'il contient.

A l'époque du décès de leur auteur, les héritiers pourront accepter ou répudier le partage. Suivant qu'ils auront suivi l'une ou l'autre de ces deux voies, ils auront la saisine, seront tenus de la garantie réciproque de leurs parts, des dettes contractées par le testateur, ou seront tout-à-fait étrangers au partage.

Si quelques-uns d'entre eux seulement n'acceptaient pas, il y aurait lieu entre les acceptants à un supplément de partage d'après la forme suivie en pareille matière. Si tous les descendants renonçaient on appliquerait les règles établies par la loi pour la dévolution des successions *ab intestat*, à moins toutefois que dans le testament l'ascendant n'ait fait la substitution pour le cas où un ou plusieurs de ses héritiers n'accepteraient pas.

Les biens qui n'ont pas été partagés par l'ascendant peuvent présenter deux cas différents : s'ils ont été donnés à des étrangers, on appliquera les règles de la quotité disponible ; si le testateur ou le donateur n'a partagé qu'une partie de ses biens, on suivra pour le surplus les règles du droit civil en matière de partage (C. 845).

§. V. — Événements postérieurs au partage.

Les événements postérieurs au partage sont de plusieurs catégories et produisent des effets différents :

1° La naissance d'un enfant postérieurement au partage donne lieu à une action en nullité que l'enfant peut exercer, mais seulement après la mort de l'ascendant, car, de son vivant, ce dernier a le droit d'employer ses biens comme il lui plaît.

2° Le prédécès de l'un des enfants ne porte aucune atteinte à la validité du partage. Dans ce cas, si le descendant prédécédé est mort sans héritiers et que les biens se retrouvent en nature dans la succession ils reviendront à l'ascendant donateur ; si, au contraire, les biens donnés ne se retrouvent plus dans la succession, ou si le donataire a laissé des descendants, le donateur n'aura plus aucun droit.

3° Si tous les enfants apportionnés viennent à être déclarés indignes, le partage devient caduc, et on retourne aux principes du droit civil pour l'attribution des biens. Si, au contraire, l'indignité n'est encourue que par quelques-uns d'entre les enfants, le partage n'est caduc que pour la part qu'ils auraient eue et valable pour le reste.

§. VI. — Des actions en rescision pour cause de nullité.

Ces actions peuvent appartenir au donateur et au donataire aussi bien qu'à l'héritier qui a été lésé dans l'attribution des parts.

L'ascendant invoquera la nullité du partage fait dans la forme des donations lorsque les formalités, conditions et règles établies par la loi, n'auront pas été remplies. La même faculté lui sera accordée s'il a été victime de violence au moment où il a fait le partage (C. 1111).

Parmi les actions qui appartiennent aux enfants donataires, les unes se rapportent au contrat qui a été passé entre les descendants et leur ascendant et peuvent être exercées même du vivant de ce dernier, ce sont les actions que l'on accorde dans le cas où il y a eu dol, fraude, violence ou erreur ; les autres, au contraire, se rapportent au partage et ne peuvent être exercées qu'après la mort de la personne qui a partagé, car elles supposent la qualité d'héritier. Ces dernières actions sont celles que l'on accorde soit à l'enfant omis dans le partage pour le faire annuler ; soit dans le cas où il y a lésion de plus du quart ; soit lorsqu'il résulte du partage ou des dispositions faites par préciput que l'un des copartagés a un avantage plus grand que la loi ne le permet ; soit, enfin, lorsqu'il y a violation de la quotité disponible. Dans la première de ces quatre actions on a pour but de faire prononcer une nullité radicale ayant pour résultat de faire déclarer le partage nul comme n'ayant jamais existé. Les trois autres nullités ne sont pas complètes et ne supposent qu'un partage vicié.

Si le partage a été fait par testament, les intéressés pourront aussi invoquer les nullités provenant du vice de forme, de la lésion de plus du quart et de l'inobservation des formalités.

L'action en nullité dure dix ans, à l'exception toutefois de celle qui est accordée au descendant omis (C. 2262). Ce dernier jouit du droit de faire prononcer la nullité du partage pendant trente années consécutives.

Quant au point de départ de l'action en nullité, il varie. Dans le partage fait par donation, elle pourra être exercée, par le donateur, du jour où l'acte a été fait, ou de celui auquel la violence a cessé; pour les descendants, elle commencera à courir du jour du décès du donateur. Si le partage est testamentaire les descendants pourront exercer leur action dès le jour du décès du testateur.

L'article 1080 du Code Napoléon porte que l'avance des frais de l'estimation devra être faite par l'enfant qui attaquera le partage, et qu'il les supportera en définitive ainsi que les dépens de la contestation si la demande en nullité formée par lui n'est pas admise. Toutefois cette exception à l'article 131 du Code de procédure n'enlèverait pas aux juges la liberté de lui faire supporter la moitié des frais, dans le cas où sa demande serait reconnue juste et bien fondée.

PROCÉDURE CIVILE.

DE LA DISTRIBUTION PAR CONTRIBUTION.

(LIV. V. TIT. XI).

Les biens de tout débiteur sont le gage commun de tous ses créanciers.
C'est là un principe de droit formellement établi par nos lois. Mais à côté
de cette lettre morte , il était nécessaire de placer le moyen d'arriver à
l'application : à la procédure a été accordé le privilége de vivifier les
principes inanimés du droit civil.

Les biens du débiteur peuvent être de différentes espèces ; ils rentrent
peut-être dans la catégorie des choses mobilières , peut-être sont-ils au
contraire composés de propriétés immobilières. De là deux manières de
procéder : les saisies mobilières et les saisies immobilières , et partant
aussi deux moyens à suivre pour distribuer entre les différents créanciers la part afférente à chacun d'eux : la distribution par contribution
et l'ordre. C'est le premier mode à suivre , la distribution par contribution, qui va faire le sujet de la présente exposition.

La distribution par contribution , que dans la pratique on désigne
simplement sous le nom de *contribution ,* peut être définie d'une manière générale ; la distribution proportionnelle des deniers provenant
d'une saisie mobilière entre les créanciers de la personne saisie.

Nous avons dit d'une manière générale, car il peut arriver certains cas
où notre définition ne soit pas tout-à-fait exacte. Ainsi quelquefois le
prix provenant de la vente d'un immeuble peut être distribué par
contribution si cet immeuble n'a pas été grevé d'hypothèques , ou si les
créanciers hypothécaires ayant été satifaits il y a encore un reliquat.

3

Le sujet de notre matière une fois défini , voyons quels sont les créanciers qui peuvent prendre part à la distribution par contribution ; la marche à suivre dans cette partie de la procédure , et enfin les incidents qui peuvent surgir.

Pour qu'un créancier puisse se présenter à la distribution , il est nécessaire que sa créance soit exigible , qu'il soit créancier hypothécaire ou privilégié , ou même simple créancier chirographaire. Il devra justifier la qualité de sa créance si elle est privilégiée , sinon il sera relégué parmi les créanciers ordinaires dans la distribution.

Relativement aux créanciers hypothécaires deux cas peuvent se présenter : l'ordre peut précéder la distribution ou être précédé par elle. Dans la première espèce les créanciers hypothécaires non complétement désintéressés viennent prendre part à la distribution comme de simples créanciers pour la somme qui leur est encore due. Dans la seconde espèce nous croyons qu'on doit appliquer les principes admis en matière commerciale par les articles 542 et suivants du Code de commerce.

Les ayants cause et les créanciers d'un créancier peuvent se présenter à la collocation , afin de se voir distribuer la part qui aurait été dévolue à ce dernier.

Après la vente des biens saisis , l'actif peut être supérieur aux dettes ou au moins les égaler. Dans ce cas tous les créanciers pourront être désintéressés , et le reliquat , s'il en existe un , sera remis à qui de droit. Au reste , il faut dire que la loi ne s'occupe pas de ce résultat tout exceptionnel ; et si par hasard il fournissait matière à contestation on n'aurait qu'à suivre les voies ordinaires ouvertes en matière contentieuse.

Dans le cas où le produit des ventes est insuffisant , il faut procéder par voie judiciaire.

Cependant avant d'entrer dans l'exposé de la procédure à suivre lorsque la distribution par contribution est faite judiciairement , nous devons dire que la loi a bien voulu accorder encore au saisi et aux saisissants le moyen d'éviter les lenteurs et les frais d'une instance en justice. L'article 656 du Code de procédure leur permet de s'entendre entre eux dans le mois et de faire une distribution par contribution amiable. Le point de départ de ce délai est fixé par l'art. 8 de l'ordonnance du 3 juillet 1816.

S'il n'y a pas moyen de terminer à l'amiable la distribution des produits obtenus par la vente des biens saisis pendant le mois de grâce accordé par la loi, les créanciers sont libres de recourir à l'intervention de la justice.

Dans ce cas tous les détenteurs de fonds provenant de la saisie devront dans les huit jours consigner ce qui est resté en leurs mains à la caisse des dépôts et consignations; et l'officier qui a présidé à la vente est soumis à la même obligation. Toutefois il est autorisé à prélever ses frais après qu'ils auront été soumis à la taxe, et s'il ne le fait pas, il peut les réclamer avec privilége lors de la collocation (Pr. 662).

Les consignations une fois opérées, le créancier le plus diligent pourra requérir la nomination d'un juge-commissaire, chargé de régler le partage à faire entre tous les ayants droit. Pour cela il n'aura qu'à s'inscrire au greffe du Tribunal de première instance par une simple note portée sur un registre tenu à cet effet. Sa réquisition devra mentionner la date et le numéro de la consignation. Ce créancier dans toute la procédure en distribution jouera le rôle de poursuivant; si cependant il négligeait ensuite de mener à fin la distribution et de faire les formalités nécessaires, tout autre créancier pourrait se faire subroger à la poursuite.

Le Président du Tribunal sur cette réquisition nomme le juge-commissaire.

Les délais portés par les articles 656 et 657 du Code de procédure une fois expirés, le juge-commissaire rend une ordonnance en vertu de laquelle les créanciers sont sommés de produire leurs pièces et la partie saisie d'en prendre communication. Dans le mois qui suit cette sommation, les pièces doivent avoir été mises entre les mains du juge-commissaire, ainsi que la demande en collocation de chaque créancier et leur constitution d'avoué, sous peine d'être forclos de plein droit.

Si le créancier opposant n'avait pas reçu la sommation en production de ses titres on ne pourrait lui opposer la forclusion.

Les créanciers qui n'ont pas fait opposition, quoiqu'ils n'aient pas été sommés, peuvent se présenter à la collocation et ils y prendront part tout aussi bien que les opposants, et jouiront de tous les avantages attachés à leurs créances respectives. Toutefois, s'ils ne viennent pas en temps utile, ils ne seront pas compris dans la collocation faite par le juge-commissaire.

Les titres produits, ainsi que les demandes en collocation, le juge-commissaire, dresse d'office, sur son procès-verbal, un état de distribution provisoire. Dans cet état figurent d'abord, en première ligne, les créanciers privilégiés dans l'ordre qui a paru le plus convenable au juge-commissaire, puis tous les autres créanciers chirographaires qui doivent prendre part à la distribution par contribution au marc le franc de leurs créances. Enfin tous les autres créanciers dont les droits n'ont pas paru bien fondés sont déclarés forclos.

Par acte d'avoué à avoué le poursuivant fait signifier au saisi et aux autres créanciers opposants l'état dressé par le juge-commissaire avec sommation de venir le vérifier et former opposition, s'ils le jugent convenable, dans la quinzaine, sous peine d'être considérés comme ayant donné, par leur silence, une adhésion tacite à ce qui a été fait.

Si aucune opposition n'a été formée, ou même si les créanciers n'ont pas pris communication de l'acte, la distribution devient dès lors définitive. Le juge-commissaire ordonne au Greffier du Tribunal de délivrer à chaque créancier l'extrait du procès-verbal le concernant revêtu de la formule exécutoire. Cet extrait, connu sous le nom de mandement ou de bordereau de collocation, ne leur est délivré qu'à charge par eux d'affirmer de nouveau la sincérité de leurs créances. Munis de cette pièce, les créanciers se présentent à la caisse des dépôts et consignations, où ils reçoivent la part proportionnelle à laquelle ils ont droit.

Mais, si le procès-verbal, dressé par le juge-commissaire, a soulevé de la part du saisi ou de ses créanciers des réclamations, une nouvelle procédure devient nécessaire.

Sur le renvoi à l'audience fait par le juge-commissaire, la cause est portée, par acte d'avoué à avoué, à la demande de la partie la plus diligente, devant le Tribunal de première instance.

Pour simplifier la procédure, la loi n'a pas voulu que tous les créanciers fussent admis à figurer au procès ; elle n'a voulu y laisser paraître que le créancier demandeur, le créancier dont la créance est l'objet du litige, le saisi et enfin l'avoué le plus ancien qui représentera la masse des créanciers.

Après la lecture du rapport du juge-commissaire et les conclusions du ministère public, le Tribunal statue, par un jugement unique, sur toutes les réclamations que les créanciers auront pu faire.

Ce jugement peut être attaqué par la voie de l'appel. Mais comment déterminera-t-on, en matière de distribution par contribution, le taux de la compétence en premier ou en dernier ressort? On devra s'attacher tantôt au chiffre de la somme à distribuer ; tantôt au chiffre de la créance contestée suivant les cas qui se présenteront. En outre, la loi ne permet de figurer dans l'instance d'appel qu'aux parties qui ont été admises à paraître devant les premiers juges, et limite le délai de l'appel à dix jours, sauf toutefois les délais accordés à raison des distances. (Pr. 1033).

Les parties ne pourraient, dans la procédure dont nous nous occupons, attaquer le jugement par voie d'opposition.

Après le procès en appel le juge-commissaire clôture de nouveau son procès-verbal modifié si les juges l'ont ordonné, et lorsque signification de l'arrêt aura été faite à avoué et que les délais seront expirés ; huit jours après le Greffier délivrera les mandements de collocation.

Il est certains créanciers auxquels la loi accorde des priviléges.

1° Le locateur jouit du droit de se faire payer sans avoir à suivre toutes les phases de la procédure. Pour y arriver, il n'a qu'à appeler la partie saisie et l'avoué le plus ancien, comme représentant la masse des créanciers, en référé devant le juge-commissaire pour faire statuer sur la sincérité de sa demande, et en même temps obtenir l'autorisation de toucher la somme à lui due ;

2° Les frais de la procédure qui doivent être prélevés avant toute créance autre que la précédente (Pr. 662) ;

3° L'officier qui a été chargé de la vente a le droit de se faire colloquer dans le procès-verbal de distribution avant tous les créanciers (Pr. 657) ;

4° Enfin jouissent encore d'un privilége sur les meubles les créanciers désignés dans les articles 2101 et 2102 du Code Napoléon.

Si dans la contestation à laquelle donne lieu le procès-verbal du juge-commissaire, aucune créance privilégiée n'était attaquée, nous sommes d'avis que l'on pourrait autoriser à les payer sans attendre que le Tribunal eût prononcé.

Les intérêts des sommes admises en distribution cesseront d'être supportés par la somme à distribuer du jour de la clôture du procès-verbal ; ou, s'il y a contestation, du jour du jugement, et, dans le cas d'appel, quinzaine après la signification de l'arrêt. Malgré cela le saisi n'en sera pas moins tenu des intérêts jusqu'à parfait paiement (Pr. 670).

Si de nouvelles sommes survenaient pendant la distribution par contribution , le Tribunal aurait la faculté sur la demande des créanciers , et s'il ne s'élève pas de réclamations , de joindre les nouvelles sommes à l'actif à distribuer. Toutefois cette jonction ne pourrait avoir lieu si les créanciers qui n'ont pas produit dans la première instance venaient à réclamer , et même dans la seconde distribution on serait forcé d'admettre les créanciers forclos dans la première, pourvu que leurs créances fussent vraies , liquides et exigibles.

DROIT COMMERCIAL.

DE LA SOCIÉTÉ POUR LA COURSE.

Au nom de certains principes de philosophie on a souvent réclamé l'abolition de l'armement en course. Nos assemblées législatives elles-mêmes ont été appelées à se prononcer sur cette importante question, et récemment encore un gouvernement étranger proposait de faire disparaître cet ancien reste de barbarie. Mais cette réforme ne pouvant s'obtenir qu'au moyen de l'accord unanime des puissances civilisées n'a pas eu lieu. Aujourd'hui des raisons politiques ont porté les gouvernements de France et d'Angleterre à ne pas délivrer des *lettres de marque* ; mais il faut bien observer que la déclaration du 11 avril 1854, dans laquelle l'empereur a exprimé n'avoir pas *pour le moment l'intention de délivrer des lettres de marque*, n'est qu'un acte momentané, qui sera supprimé dès que le gouvernement trouvera convenable de changer d'avis.

Bien souvent la fortune d'un seul particulier n'est pas assez considérable pour fournir aux frais d'un armement en course, souvent aussi celui qui consentirait à aventurer une partie de ses biens ne voudrait pas confier aux hasards de la navigation la presque totalité de son avoir. De là l'origine de la société pour l'armement en course, ou réunion de plusieurs personnes mettant en commun tout ou partie de leurs biens ou de leur industrie, dans le but de capturer les navires ennemis et de partager le profit qu'on pourra en retirer.

La société pour la course est subordonnée aux règles générales établies pour les sociétés, mais elle est soumise cependant à quelques principes particuliers, et c'est de ces principes dont nous allons nous occuper.

Pour pouvoir faire un armement en course , il est absolument nécessaire d'obtenir une autorisation du gouvernement sous le pavillon duquel on veut naviguer. Cette autorisation est accordée par *lettres de marque*.

En principe la société dont nous nous occupons est présumée être une société en commandite. La loi n'a pas voulu que la crainte d'une trop grande responsabilité vînt mettre un obstacle à la formation de ces associations.

Il n'est pas nécessaire que les armateurs qui se réunissent pour faire la course dressent un acte social en forme, du moins c'est là le principe qui semble résulter de la loi de l'an VIII. Bien souvent la société est constituée par une personne qui ouvre une liste de souscriptions à laquelle tout le monde peut prendre part, en s'inscrivant pour une fraction plus ou moins considérable.

La société pour la course comprend elle-même plusieurs autres associations, qu'il est nécessaire de connaître avant de poursuivre notre exposé : en première ligne est une société principale entre l'armement ou réunion des armateurs et l'équipage ; en second lieu on trouve deux sociétés en sous-ordre : celle des armateurs entre eux , et celle qui existe entre les gens de l'équipage.

La course une fois faite dans quelles proportions chaque associé viendra-t-il participer aux bénéfices ?

Autrefois, dans certains pays, les produits de la course étaient divisés en trois parts égales : une part était destinée aux bourgeois ou propriétaires du navire ; une seconde appartenait aux victuailleurs ou fournisseurs , et enfin l'équipage avait à se partager la troisième : chaque marin venant prendre une part plus ou moins considérable suivant son grade et les conditions de son engagement. Dans d'autres pays au contraire les propriétaires des navires n'avaient droit qu'au quart des prises , tandis que le victuailleur et l'équipage prenaient chacun un quart et demi des profits.

L'ordonnance de 1682 sur la marine avait établi que , sauf le cas où dans l'acte de société une convention contraire aurait été faite, les deux tiers des produits de la course seraient acquis aux armateurs, tandis que l'équipage aurait pour sa part le tiers restant.

Aujourd'hui nous sommes encore régis par les mêmes principes.

Les armateurs se partagent ensuite les profits qui leur ont été attribués en suivant les règles du droit commun.

Mais pour le mode de répartition à suivre en distribuant les bénéfices aux gens de l'équipage il n'a pas toujours été le même. Sous l'ancienne ordonnance chaque marin stipulait en s'engageant la part qu'il aurait aux produits de l'expédition. Mais ce système était la source de bien des difficultés lorsqu'il s'agissait du partage ; sans compter encore que le désir de faire des bénéfices ne stimulant personne, il arrivait bien souvent que ceux qui avaient le moins travaillé étaient le plus amplement récompensés.

L'arrêté du 2 prairial an XI (22 mai 1803) est venu changer l'état de choses existant, et établir la répartition des gains proportionnellement aux services rendus par chaque membre de l'équipage.

Pour procéder à ce partage une commission composée de sept membres, le capitaine et six officiers de l'équipage pris d'après l'orde du rôle d'équipage, se réunit en présence du tribunal de commerce et du commissaire de la marine, dans les huit jours qui suivent la fin de la course, ces officiers doivent prêter serment devant les juges du Tribunal de Commerce.

Si les officiers par l'effet de diverses circonstances ne peuvent être réunis, il sera procédé au partage, à la requête du commissaire à l'inscription maritime, par un procès-verbal qu'il sera tenu de signer, ainsi que les juges du Tribunal de commerce.

Uu jugement de ce Tribunal viendra ensuite rendre le partage définitif.

L'arrêté de l'an XI défend expressément aux armateurs d'accorder une part quelconque des prises avant la course à aucun des membres de l'équipage.

Toutefois les principes que nous venons d'énoncer relativement à la part de l'équipage peuvent varier dans un cas : si outre la course les armateurs ont aussi pour but de faire des opérations commerciales, soit qu'ils aient l'intention de louer le navire, soit qu'ils veuillent le charger de marchandises pour leur propre compte, l'équipage n'a droit qu'à un cinquième des prises faites sur l'ennemi. Car dans ce cas les matelots et officiers ont aussi un salaire pour leurs services relativement à la spéculation commerciale.

Si les parties ont stipulé qu'elles ne s'engageaient que pour faire une

4

expédition convenue, au retour de la course la société est dissoute. Dans le silence de l'acte de société, relativement au temps que devra durer la société, elle durera tant qu'il y aura des fonds suffisants pour faire naviguer les navires, à moins toutefois que les associés ne voulussent d'un commun accord la dissoudre.

La société pour l'armement en course peut aussi cesser par la vente des navires faite par le gérant. Mais dans ce cas, si le gérant lui-même devient acquéreur d'un navire, tout actionnaire a le droit de se faire recevoir comme associé.

Ainsi que nous l'avons déjà dit, la société pour la course est une véritable société en commandite soumise à toutes les règles générales du droit commun. Toutefois ce genre d'associations a reçu de la loi certains priviléges particuliers qui n'ont pas été accordés à la société en commandite et aux autres sociétés commerciales. Ainsi le gérant d'une société pour la course peut demander aux actionnaires une somme supplémentaire si les premiers versements ne suffisent pas pour payer les frais qu'exige l'expédition. C'est ainsi que les membres d'une de ces sociétés peuvent, sans perdre leur qualité d'associés commanditaires, être les représentants de leur association dans les divers lieux où elle entretient des relations.

Nous croyons nécessaire de signaler en dernier lieu, une société momentanée qui peut se former entre divers navires fesant la course, pour arriver plus aisément à capturer l'ennemi. C'est ainsi qu'en présence du navire à capturer plusieurs corsaires peuvent s'associer par de simples signaux ou même par le seul fait d'avoir en commun fait la prise. Dans ce cas on procède à un premier partage qui a lieu en prenant pour base la force des navires capteurs et de leurs équipages.

DROIT ADMINISTRATIF.

Du Contentieux en matière de Recrutement Militaire et d'Inscription maritime.

Depuis la loi du 21 mars 1832, les armées françaises de terre et de mer, sont soumises au recrutement par voie d'engagements volontaires et par voie d'appels. En outre, à côté de la loi du recrutement se trouve placée l'inscription maritime, qui vient concourir avec les deux moyens précédents à compléter les équipages des vaisseaux de l'État.

PREMIÈRE PARTIE.

Du Contentieux en matière de Recrutement Militaire.

Chaque année une loi spéciale fixe le contingent de jeunes soldats qui sera appelé sous les drapeaux. Un décret impérial fixe l'époque du tirage au sort, qui doit avoir lieu au chef-lieu de canton, en séance publique, sous la présidence du Sous-Préfet de l'arrondissement, assisté de tous les Maires du canton.

Tous les jeunes gens âgés de vingt ans au premier janvier de l'année, et jouissant du titre de français, sont appelés à prendre part au tirage.

Un décret impérial établit une première répartition du contingent entre les divers départements de la France. Le contingent assigné à chaque département, est ensuite réparti entre les cantons par un arrêté du Préfet pris en conseil de préfecture (loi du 5 juillet 1836). Dans ces deux répartitions on prend pour base le nombre des jeunes gens inscrits sur les tableaux de recensement, dressés tous les ans dans chaque commune par les soins des Maires, en leur qualité d'agents du pouvoir central.

Bien des réclamations peuvent être faites par les personnes soumises à la loi du recrutement ; aussi le législateur a-t-il cru nécessaire d'établir une juridiction chargée de les examiner : les conseils de révision.

Nous entendons par conseils de révision, des conseils administratifs départementaux chargés de statuer sur les réclamations qui peuvent être faites par les personnes soumises à la loi du recrutement.

D'après l'article 15 de la loi du 21 mars 1832, les conseils de révision doivent être composés de la manière suivante : Le Préfet du département ou un conseiller de préfecture spécialement délégué par lui, président du conseil; un membre du conseil de préfecture; un membre du conseil général et un membre du conseil d'arrondissement, tous trois désignés par le Préfet ; un officier-général ou supérieur nommé par l'Empereur. Un membre de l'intendance militaire assiste à toutes les opérations du conseil, y a voix consultative, et doit être entendu toutes les fois qu'il le demande ; le Sous-Préfet de l'arrondissement jouit des mêmes droits ; enfin les officiers de santé appelés à donner leur avis sur les réclamations faites par les jeunes gens de la classe, relativement aux infirmités qu'ils peuvent avoir, n'ont pas voix délibérative.

Chaque département a son conseil de révision particulier, qui, pour éviter aux jeunes gens les frais de déplacement, se transporte dans tous les cantons, en suivant un itinéraire fixé par un arrêté du Préfet. Le conseil de révision statue toujours en séance publique.

Les conseils de révision sont appelés à prononcer sur toutes les causes d'exemption du service militaire, ainsi que sur les déductions du contingent. L'exemption du service et la déduction, ont pour caractère commun, de libérer complétement du service ceux qui les invoquent avec succès ; mais elles diffèrent en ce que les jeunes gens exemptés sont remplacés dans l'ordre des numéros subséquents, tandis que les jeunes gens déduits ne sont pas remplacés et occasionnent une perte à l'État. Les déductions sont prononcées dans des cas fort rares et déterminés par les lois. Les mêmes conseils statuent sur les substitutions de numéros entre les jeunes gens de la même classe.

Avant la loi du 26 avril 1855, les conseils de révision étaient juges des demandes en remplacement faites par les jeunes gens appelés au service militaire ; mais aujourd'hui leur juridiction est limitée aux cas où les remplacements se font par voie de traités individuels entre parents, jusqu'au quatrième degré inclusivement. Enfin, les conseils de révision sont compétents pour toutes les réclamations qui peuvent être faites au sujet de la forme matérielle du recrutement militaire.

Aux termes de la loi du 21 mars 1832 (art. 25), les décisions émanées des conseils de révision sont en dernier ressort. Toutefois les intéressés peuvent user du recours au conseil d'État, toutes les fois qu'il aura été statué avec incompétence ou excès de pouvoir. Dans ces deux cas, il faudra suivre la voie contentieuse.

Quoique les attributions des conseils de révision soient bien nombreuses, elles sont cependant soumises à certaines restrictions. Ainsi il ne leur est pas permis de statuer sur les questions d'État qui sont dévolues aux tribunaux civils de première instance. Ces derniers jugent à la requête de la partie la plus diligente, sans observer les délais d'usage, et le ministère public entendu.

DEUXIÈME PARTIE.

Du Contentieux en matière d'Inscription maritime.

L'inscription maritime est un moyen établi par la loi, pour recruter l'armée de mer concurremment avec le mode de recrutement par voie d'appels. Elle consiste dans l'inscription sur les matricules de la marine, de tous les hommes qui se livrent à la navigation ou à la pêche, soit en mer, soit dans les rivières, jusqu'au point où se fait sentir l'action des marées, et à défaut de marées jusqu'à l'endroit où les bâtiments de mer peuvent remonter.

Créée par Colbert, l'inscription maritime, après plusieurs essais, fut enfin définitivement établie par un édit de l'année 1673, puis de nouveau réglementée par l'ordonnance royale du 31 octobre 1784. Enfin, la loi du 3 brumaire an IV a de nouveau modifié la matière.

Le but de l'inscription maritime est de fournir à la marine de l'État des marins déjà formés et habitués aux dangers de la navigation. Ainsi tout individu qui voudra continuer la navigation ou la pêche, ayant au moins 18 ans et au plus 50 ans accomplis, sera inscrit sur les registres de la marine, s'il réunit l'une des quatre conditions suivantes : 1° a fait deux voyages de long cours ; 2° a navigué pendant dix-huit mois ; 3° a fait la petite pêche pendant deux ans ; 4° a servi pendant deux ans en qualité d'apprenti marin.

Les charpentiers de navires, perceurs, calfats, voiliers, poulieurs, cordiers, tonneliers et scieurs de long, exerçant leur profession dans les lieux et ports maritimes, sont soumis au régime de l'inscription maritime.

Les marins et les ouvriers que nous venons d'énumérer sont divisés en quatre classes : 1° les célibataires ; 2° les veufs sans enfants ; 3° les hommes mariés sans enfants ; 4° les hommes mariés jouissant du privilége et des charges de la paternité. Lorsque l'État a besoin de marins ou d'ouvriers pour le service de la marine, il appelle les différentes classes en commençant par la première.

En échange des charges rigoureuses que l'État fait peser sur les marins et inscrits maritimes, il leur accorde certains priviléges : ils sont exemptés de tous les services publics autres que ceux de l'armée navale et de la garde nationale. En outre, la loi du 3 brumaire an IV, en autorisant les levées permanentes, a permis de faire réduire le temps du service des gens de mer à la durée de celui des troupes de terre.

Toutes les questions relatives à l'inscription maritime forment un contentieux important qui est régi actuellement par la loi du 7 floréal an VIII.

Sous l'empire de la loi du 3 brumaire an IV, les administrations municipales de canton étaient investies de la juridiction contentieuse en matière d'inscription maritime. L'article 9 de la loi du 28 pluviôse an VIII, en transférant aux Sous-Préfets les attributions des administrations municipales de canton, leur donna par cela même la juridiction contentieuse dont nous nous occupons. Enfin un arrêté du 7 floréal an VIII, vint établir, pour juges en cette matière, les Préfets maritimes qu'il créa.

Les Préfets maritimes statuent donc sur toutes les réclamations faites par les marins et ouvriers inscrits dans l'étendue de leur arrondissement, mais ces jugements sont susceptibles d'être attaqués par un appel porté devant le Ministre de la marine, et, ensuite, par un recours au Conseil d'État, exercé par la voie contentieuse.

Quant aux questions d'état, elles sont de la compétence des Tribunaux civils qui statuent comme dans les contestations de ce genre relatives au recrutement militaire.

Vu par Nous, Professeur, Président de Thèse,

CARLES.

Vu et permis d'imprimer :

Le Recteur de l'Académie d'Aix,

Officier de la Légion d'Honneur,

MOTTET.